ANALIZA KSIĄŻKI

AF156547

Nana

· · · · · · · · · · · · · · ·

ÉMILE ZOLA

ANALIZA KSIĄŻKI

Napisany przez Pauline Coullet
Przetłumaczony przez Kâmil Kowalski

Nana

· ·

Émile Zola

ÉMILE ZOLA

FRANCUSKI PISARZ I DZIENNIKARZ

- **Urodził się w Paryżu w 1840 roku.**

- **Zmarł w Paryżu w 1902 r.**

- **Godne uwagi prace:**

  - *L'Assommoir* (1877), powieść

  - *Raj dla pań* (1883), powieść

  - *Germinal* (1885), powieść

Émile Zola urodził się w 1840 roku, a zmarł w 1902 roku. Uważany jest za jednego z największych francuskich powieściopisarzy XIX wieku. Był także czołową postacią naturalizmu, ruchu, który dążył do zastosowania w literaturze ówczesnych eksperymentalnych metod naukowych: po obserwacji rzeczywistości Zola stawiał hipotezę i sprawdzał ją poprzez eksperymenty w swoich książkach. Estetyka ta widoczna jest zwłaszcza w *Les Rougon-Macquart*, cyklu 20 powieści, który stanowi jego najważniejsze dzieło i odniósł duży sukces, mimo wielu krytycznych uwag.

Zola słynął również ze swojej postawy społecznej i politycznej, która często budziła potępienie. Najbardziej znana z nich dotyczy sprawy Dreyfusa; jego pamflet *J'accuse* ("Oskarżam") miał duży wpływ na ułaskawienie żydowskiego oficera Alfreda Dreyfusa (1859-1935).

NANA

UWODZENIE I KORUPCJA W CZASACH II CESARSTWA FRANCUSKIEGO

- **Gatunek:** powieść

- **Wydanie referencyjne:** Zola, É. (2007) *Nana*. Trans. Rascoe, B. New York: Dover Publications, Inc.

- **1 wydanie:** 1880

- **Tematy:** naturalizm, społeczeństwo, prostytucja, II Cesarstwo Francuskie, przywary, bieda

Nana to dziewiąta powieść *Les Rougon-Macquart*. Odniosła ogromny sukces wśród czytelników, mimo że została surowo oceniona przez krytyków, ponieważ niektóre jej sceny zostały uznane za niemoralne.

Nana, która po raz pierwszy została opublikowana w 1880 roku, opowiada o olśniewającym wzroście prostytutki w czasach Drugiego Cesarstwa Francuskiego (1852-1870). Ta pozbawiona środków do życia młoda kobieta, wywodząca się z klasy robotniczej opisanej w *L'Assommoir* (1877), przyciąga uwagę najznamienitszych mężczyzn w Paryżu i powoduje upadek każdego, kto ją ściga, zanim umiera straszliwie oszpecona przez ospę.

PODSUMOWANIE

ROZDZIAŁ I

Jest godzina 21.00. Ważni mężczyźni paryskiej socjety (Fauchery, dziennikarz; La Faloise, jego kuzyn; Steiner, bankier; hrabia Xavier de Vandeuvres; hrabia Muffat, szambelan Napoleona III, wraz z żoną i teściem, markizem de Chouard; Labordette) oraz kobiety z klasy średniej są w Teatrze Rozmaitości, aby zobaczyć nową gwiazdę o imieniu Nana, która występuje na pierwszym wieczorze mitologicznej parodii "Blond Wenus".

18-letnia Anna Coupeau, pseudonim Nana, występuje w roli Wenus nie mając na sobie prawie nic. Okazuje się być mierną aktorką i kiepską piosenkarką. Udaje jej się jednak oczarować wszystkich mężczyzn i kobiety na widowni, którzy na koniec sztuki wiwatują na jej cześć.

ROZDZIAŁ II

Następnego dnia, w swoim mieszkaniu opłaconym przez jednego z mężczyzn, z którymi spała, Nana, która jest już kurtyzaną, i Zoé, jej pokojówka, pracują nad zarządzaniem jej napiętym harmonogramem: mężczyźni, którzy wchodzą i wychodzą z jej mieszkania, nigdy nie powinni się spotkać. Nana ma dwuletniego syna, Louisa, który mieszka na wsi ze swoją pielęgniarką. Poza zwykłymi gośćmi, inni adoratorzy, oszołomieni jej występem poprzedniego dnia, spieszą się, by ją odwiedzić. Wśród nich jest hrabia Muffat (który jest jednak bardzo pobożnym człowiekiem), jego teść markiz de Chouard i George Hugon, który jest niewiele więcej niż chłopcem.

ROZDZIAŁ III

W każdy wtorek żona Muffata, hrabina Sabine, zaprasza do swojego domu najznakomitsze postacie Paryża. W tym tygodniu są tam widzowie z pierwszej nocy "Blond Wenus". Choć są w tym dyskretni, mężczyźni ci nie potrafią rozmawiać o niczym innym, jak o przyjęciu, które Nana ma wydać następnej nocy. Bardziej ciekawi ich, kto tam będzie, niż martwi napięty klimat polityczny wywołany przez Bismarcka (niemiecki mąż stanu, 1815-1898).

ROZDZIAŁ IV

Na kolacji u Nany, która z powodu upału i alkoholu zamienia się w absurdalny bałagan, spotykają się ludzie z bardzo różnych światów: "szanowani" mężczyźni ocierają się o aktorki i kurtyzany. Nana jest świadoma nieobecności hrabiego Muffata.

ROZDZIAŁ V

Występy "Blond Wenus" idą dobrze, a w loży Nany odwiedza ją książę. Co więcej, aktorce udaje się uwieść Muffata. Hrabia jest tak zaaferowany atmosferą panującą w skrzydłach i skąpo odzianymi aktorkami, że zapomina o decorum i całuje Nanę. Ona jednak wraca do domu z księciem.

ROZDZIAŁ VI

Dzięki związkowi z bankierem Steinerem (który zostawił dla niej aktorkę Rose Mignon), sławna już Nana otrzymuje wiejski domek obok Les Fondettes, posiadłości należącej do Madame Hugon. Madame Hugon, która nie ufa Nanie, przebywa tam ze swoim synem George'em i zaprasza swoich paryskich przyjaciół. Skuszone faktem, że to zaproszenie pozwoli im być blisko Nany, przyjaciółki się zgadzają. Aktorka rozpoczyna związek z George'em Hugonem. W tym samym czasie Muffat, który ma teraz obsesję na punkcie aktorki, nieustannie ją obserwuje i śledzi. Jego wysiłki się opłacają: w końcu spędza z nią noc.

ROZDZIAŁ VII

Związek Muffata z kurtyzaną trwa nadal, choć Nana nie jest nim szczególnie zainteresowana. Artykuł Fauchery'ego nadaje jej przydomek "Złota Mucha" (s. 151) i twierdzi, że wyrosła z rynsztoka i korumpuje każdego, z kim się zetknie. Muffat czyta artykuł Nanie, która woli patrzeć na swoje nagie ciało w lustrze. Rozmawiają o kobietach i miłości, co kończy się kłótnią. Nana podpowiada mu, że jego żona ma romans z Fauchery'm.

ROZDZIAŁ VIII

Wierzyciele Nany bacznie się jej przyglądają, ponieważ po niedawnym rozstaniu z Muffatem straciła pieniądze. Tymczasem zakochała się w Fontanie, koledze z Teatru Rozmaitości. Wraz z synem Nany, Louisem, przeprowadzają się na Montmartre. Ich związek szybko się psuje: Fontan bije ją i zmusza do pracy jako prostytutka, aby opłacić ich domowe wydatki. Nana staje się bliższa Satin, przyjaciółce z dzieciństwa, którą spotyka na ulicy i do której wstępuje, by zostać prostytutką. Łączy je kochająca przyjaźń, ale pewnego dnia Satin zostaje aresztowana podczas obławy.

Rywalka Nany, Rose Mignon, zostaje kochanką Muffata, będąc wcześniej kochanką Fauchery'ego.

ROZDZIAŁ IX

Nana wraca do swojej służącej i odnawia znajomość z hrabią Muffatem, który widzi, że dostaje rolę wielkiej damy w Teatrze Rozmaitości. Jednocześnie obiecuje jej załatwienie rezydencji. Choć ma pełną świadomość, że związek z Naną źle wpływa na jego pozycję społeczną, pozostaje na jej punkcie całkowicie obsesyjny. Nikt nie jest przekonany do niej w nowej roli, a sztuka okazuje się porażką.

ROZDZIAŁ X

Mieszkając teraz w luksusowej kwaterze i korzystając z finansowego wsparcia Muffata, Nana obiecuje, że będzie mu wierna, mimo że wciąż przyjmuje innych mężczyzn, w tym Vandeuvresa i braci Hugon. Szybko okrada ich z pieniędzy. Nana zakochuje się w Satinie i wprowadza ją do swojej kwatery. Podczas posiłku obie kobiety rozmawiają o swoim pochodzeniu. Vandeuvres jest zrujnowany, ale planuje odzyskać swoje pieniądze dzięki koniowi, którego trenuje do wyścigu. Nazywa tego konia, który jest outsiderem, Nana.

ROZDZIAŁ XI

Na wyścigu konnym, na który przybywają wszyscy, którzy są w Paryżu, wygrywa koń Nana. Wśród hazardzistów, dżokejów i właścicieli świętuje się zarówno triumf konia, jak i triumf Nany, która jest bardziej elegancka i podziwiana niż kiedykolwiek. W tym samym czasie Vandeuvres zostaje przyłapany na oszustwie. Jest zrujnowany i zamyka się w swojej stajni, a następnie ją podpala.

ROZDZIAŁ XII

Nana prosi o coraz więcej od Muffata, a wciąż otrzymuje tyle samo od mężczyzn. Jej gospodarstwo domowe jest w całkowitym nieładzie.

Aranżuje małżeństwo Dagueneta, jednego ze swoich dawnych kochanków, z Estelle, córką Muffatów. Na przyjęciu zaręczynowym oba światy – kurtyzany i wyższych sfer – znów się przenikają. Muffat znajduje list swojej żony do Fauchery'ego i nie może już uciec od faktu, że go zdradza.

ROZDZIAŁ XIII

Pewnego ranka Muffat wpada na Nanę i George'a Hugonów. Kilka godzin później, dowiedziawszy się o związku Nany z Philippe'em Hugonem, swoim własnym bratem, George prosi ją o rękę. Kiedy ona odmawia, popełnia samobójstwo, podczas gdy jego brat Philippe, który kradł, aby zapewnić utrzymanie kurtyzanie, zostaje złapany i wysłany do więzienia.

Z powodu nudy Nana ma coraz więcej romansów, zarówno z bogatymi, jak i biednymi mężczyznami, i rujnuje każdego, kto się z nią zwiąże. Muffat, który przymyka oko na jej licznych kochanków i znosi upokorzenia oraz złe traktowanie, nie radzi sobie lepiej. Kiedy jednak przyłapuje aktorkę ze swoim teściem, markizem de Chouard, zostawia ją. Ma wyrzuty sumienia, że zniżył się do takiego poziomu i szuka schronienia w religii. Zoé, która od początku była służącą Nany, również opuszcza swoją pracodawczynię, a Satin umiera w szpitalu.

ROZDZIAŁ XIV

Zdegustowana Nana sprzedaje cały swój majątek i znika. Kiedy wraca, pozornie bardzo bogata po pobycie w Rosji, jest przy Louisie, który umiera na ospę. Ona również zapada na tę chorobę i umiera oszpecona w pokoju hotelowym otoczona kurtyzanami, w tym Różą Mignon, która jest teraz po jej stronie. Na zewnątrz, przed zrozpaczonym hrabią Muffatem, okrzyki tłumu ogłaszają wojnę francusko-pruską, która zakończy się klęską Francuzów.

 DRUGIE CESARSTWO FRANCUSKIE

Drugie Cesarstwo Francuskie było reżimem prowadzonym przez Napoleona III (1808-1873) w latach 1852-1870 po zamachu stanu w 1851 roku. Napoleon III narzucił autorytarny reżim, który ograniczał swobody jednostki i skierował Francję na drogę industrializacji i kapitalizmu. W zakresie polityki zagranicznej cesarz zerwał szereg sojuszy, a w szczególności wyruszył na wojnę z Prusami w 1870 roku.

STUDIUM POSTACI

NANA (ANNA COUPEAU)

Nana jest córką Gervaise'a Macquarta i Coupeau, bohaterów *L'Assommoir,* w którym również występuje. Po zostawieniu za sobą biednego pochodzenia i pracy w kwiaciarni u ciotki, staje się wysokiej klasy prostytutką: jest wspierana finansowo przez swoich kochanków i prowadzi życie bez honoru. Jednocześnie, mimo oczywistego braku talentu, rozpoczyna udaną karierę aktorki, ponieważ mężczyźni są nią zafascynowani. Już jako dziecko Nana była świadoma władzy, jaką ma nad mężczyznami: obyczajowość była częścią jej charakteru.

W trakcie opowieści ma 18 lat i ma już dziecko, choć sama się nim nie opiekuje. Jest pulchna, ma bardzo białą skórę i sięgające pasa blond włosy. Wydziela niemal zwierzęcą zmysłowość.

Nana nie jest zbyt inteligentna. Jest opisana jako "dobroduszna dziewczyna" (s. 253) i jest bardzo świadoma swojej urody: spędza godziny patrząc na swoje nagie ciało w lustrze. Chce być częścią wysokiego społeczeństwa i udaje jej się to poprzez związki z mężczyznami z tej klasy, których rujnuje poprzez swoje materialistyczne wymagania i zazwyczaj traktuje z pogardą. Siejąc zamęt na najwyższych szczeblach społeczeństwa, nieświadomie mści się na swoich rodzicach i ich biedzie.

Nana ma wiele stron:

- jest porównywana do różnych zwierząt, w tym do kota, konia, a w artykule Fauchery'ego – do muchy;

- jest też jak czarownica, bo mężczyźni wpadają pod jej czar;

- przyjmuje mitologiczny i pogański charakter, gdy gra Wenus.

Jest symbolem dekadencji Imperium i stopniowo rujnuje się przed śmiercią oszpecona przez ospę.

RODZINA I SŁUŻBA NANY

Jej ciotka, Madame Lerat, dała jej pierwszą pracę jako florystka. Zawsze chętnie jej pomaga w zamian za pieniądze. Opiekuje się Louisem, synem Nany.

Louis jest dzieckiem, którego zdrowie jest kruche i którym Nana opiekuje się tylko wtedy, gdy ma na to ochotę. Umiera na ospę niedługo przed matką.

Zoé, jej służąca, jest wobec niej bardzo lojalna. Udziela dobrych rad i przez pewien czas oszczędza jej wielu problemów, zanim gospodarstwo domowe Nany pogrąży się w chaosie. Wtedy nawet służba traci do niej szacunek. Na krótko przed śmiercią Satina, Zoé wraca do domu publicznego, w którym Nana zaczynała jako kurtyzana.

HRABIA MUFFAT

Ten szambelan Napoleona III jest brzydkim mężczyzną i na początku powieści okazuje się bardzo moralny i pobożny.

Późno odkrywa swoją seksualność i wpada w ramiona Nany, gdy nie może już opanować swoich popędów. Jednak głęboko się tego wstydzi. Jest pod urokiem Nany i ulega wszystkim jej zachciankom, zarówno materialnym, sentymentalnym jak i seksualnym. Kiedy przyłapuje ją ze swoim teściem, markizem de Chouard, zostawia ją. Jest jednak zrozpaczony, gdy Nana umiera.

Jego żona Sabina, która ma około 30 lat, podąża tą samą drogą: początkowo jest moralnie nienaganna i wydaje się oschła i zimna, ale potem bierze sobie kochanka, Fauchery'ego, i wydaje niebotyczne sumy pieniędzy.

Hrabia Muffat i Sabina pozwalają, by Nana pociągnęła ich w dół, a w swoim upadku pociągają za sobą całą swoją klasę społeczną. Reprezentują społeczeństwo II Cesarstwa, które Zola chciał skrytykować.

SATYNA

Satin to jedna z przyjaciółek Nany z dzieciństwa, która teraz została prostytutką. Obie młode kobiety poznały się w szkole. Jest młoda i piękna, ale nie mówi w zbyt wyszukany sposób. Jest "ulicznicą" (s. 19). Nana spotyka ją ponownie, gdy wychodzi na ulicę, po rozpadzie jej związku z Fontanem. Satin stopniowo zajmuje ważne miejsce w życiu młodej kurtyzany i wprowadza ją w środowisko ówczesnych lesbijek. Są sobie bardzo bliskie i łączy je namiętny, romantyczny związek. Nana stawia ich miłość ponad wszystkie inne, ponieważ nie jest ona motywowana pieniędzmi. Podoba jej się również to, że ich związek tej samej płci jest prowokacyjny.

Satin szybko wprowadza się do mieszkania Nany i staje się dowodem swobody kurtyzany, która popisuje się nią przed swoimi kochankami. Jednak to Satin ma przewagę w tym związku: "Skończyło się na tym, że zdobyła całkowite mistrzostwo nad Naną, która ją szanowała" (s. 307).

Satin pod koniec powieści ciężko choruje. Przed wyjazdem z Paryża Nana idzie zobaczyć się z nią po raz ostatni:

> *"Jadę do szpitala. Nikt nigdy nie kochał mnie tak jak ona. Ach! Można mieć rację oskarżając mężczyzn o brak serca! Kto wie? Może już nie żyje. Tak czy inaczej, poproszę, by ją zobaczyć. Muszę ją jeszcze raz pocałować" (s. 322).*

HIGH SOCIETY

Mimo, że bohaterowie ci są częścią wysokiego społeczeństwa i są postrzegani jako godni szacunku, zachowują się nie lepiej niż niższe klasy. Biorą kochanki, którym dają pieniądze i tracą wszelkie poczucie moralności. Wszyscy wchodzą w związki z Naną, która następnie je rujnuje:

- Steiner, stary, gruby bankier, za zgodą męża nawiązuje związek z Rose Mignon.

- Fauchery, dziennikarz, zostaje kochankiem Rose Mignon, a następnie Sabine Muffat.

- Vandeuvres zostaje oszustem i popełnia samobójstwo.

- George Hugon, młody człowiek, do którego Nana jest może nieco bardziej przywiązana, popełnia samobójstwo, gdy kurtyzana odmawia mu ślubu.

- Philippe Hugon, brat George'a, kradnie, by zapewnić byt Nanie, w wyniku czego trafia do więzienia.

- Daguenet, który na początku powieści jest kochankiem Nany, żeni się z córką Muffata dzięki wpływowi kurtyzany na hrabiego. W dniu ślubu z Estelle Muffat najpierw oświadcza się Nanie.

Krótko mówiąc, wszystkim tym mężczyznom przyświeca tylko jedna idea: czerpać z życia jak najwięcej poprzez całkowicie amoralne zachowanie.

ANALIZA

NATURALIZM

Metoda Zoli

Zola napisał 20 powieści w ramach cyklu *Les Rougon-Macquart*, który nosi podtytuł *Naturalna i społeczna historia rodziny w czasach II Cesarstwa*. Ale co ma na myśli mówiąc "naturalna"?

Myśl ta wiąże się z faktem, że Zola był czołową postacią naturalizmu, ruchu literackiego, który był przeciwny romantyzmowi i stanowił część szerszego nurtu realizmu. Szkoła naturalistyczna opierała się na determinizmie, czyli pojęciu, które wskazuje na wszystkie przyczyny i warunki potrzebne do ukształtowania człowieka. Determinizm opiera się więc na związku przyczyny i skutku: osobowość jednostki zależy od jej wcześniejszych doświadczeń. Naturalizm miał na celu wykazanie "posłuszeństwa człowieka wobec podwójnego determinizmu: biologicznej dziedziczności i wpływu środowiska" (Alluin, 1998: 144). Dwoma zasadniczymi elementami podejścia naturalistycznego są zatem człowiek i jego środowisko.

Przyjmując to założenie za punkt wyjścia, Zola stosuje w literaturze metodę naukową, inspirowaną przez fizjologa Claude'a Bernarda (1813-1878): autor najpierw obserwuje, potem stawia hipotezę i sprawdza ją poprzez eksperyment. Poprzez swoją narrację Zola umieszcza daną postać w bardzo precyzyjnej historii i przedstawia serię wydarzeń, które przestrzegają wspomnianego podwójnego determinizmu. Takie podejście, pretendujące do miana naukowego, powinno prowadzić do lepszego zrozumienia człowieka.

Determinizm w *Nanie*

Z naturalistycznego punktu widzenia Nanę, pochodzącą z rodziny alkoholików i wrzuconą w amoralne środowisko, może spotkać tylko tragiczny koniec.

Rzeczywiście, w cyklu *Les Rougon-Macquart* Zola rozwija kompletne drzewo genealogiczne na przestrzeni kilku powieści, aby udowodnić znaczenie genetyki i środowiska społecznego w rozwoju jednostki. W związku z tym wszyscy bohaterowie cyklu noszą w sobie zepsute geny Adelajdy Fouque, znajdującej się u korzenia drzewa, która cierpiała na obłęd. Adelajda miała dzieci z dwóch związków: pierwszy, syn uczciwego Rougona, stał się człowiekiem inteligentnym, żądnym władzy i pieniędzy. Cała, lub prawie cała, linia Rougon jest naznaczona ambicją i manipulacją. I odwrotnie, dzieci z drugiego pozamałżeńskiego związku Adelajdy, z chamskim Macquartem, okazują się leniwymi alkoholikami jak ich ojciec. Tak jest w przypadku Antoine'a, który ma kilkoro dzieci, w tym matkę Nany – Gervaise. Gervaise, główna bohaterka *L'Assommoir*, tworzy nieszczęśliwe małżeństwo z Coupeau, który podobnie jak ona jest alkoholikiem.

 ## *"L'Assommoir"* ZOLI

L'Assommoir, opublikowany po raz pierwszy w 1877 roku, to siódma powieść z cyklu *Les Rougon-Macquart*. W momencie pierwszego wydania okazała się kontrowersyjna, ponieważ w całości poświęcona jest światu klasy robotniczej:

język może być więc szorstki, a powieść przedstawia przede wszystkim biedę i alkoholizm tego środowiska.

Książka opowiada o życiu Gervaise Macquart w robotniczej dzielnicy Paryża z kochankiem i dwójką ich dzieci. Pracuje jako praczka, gdy jej partner ją opuszcza. Jest piękna i odważna, a następnie wychodzi za mąż za dekarza, Coupeau. Para cieszy się razem pewnym dobrobytem. Potem rodzi Nanę. Ich szczęście jest jednak krótkotrwałe: jej mąż zaczyna chodzić do "l'Assommoir", nory, gdzie alkohol płynie swobodnie, i gdzie Gervaise w końcu za nim. Upadek pary trwa przez całą książkę, od rudery, w której mieszkają, po zejście Gervaise'a do prostytucji.

W związku z tym żałosne pochodzenie Nany jest kluczowe w analizie jej charakteru i zachowania. W swoim artykule "Złota mucha" Fauchery opisuje jej osobowość jako funkcję dziedziczności. Jest "urodzona z czterech lub pięciu pokoleń pijaków, jej krew skażona długim następstwem nieszczęścia i picia, które w niej samej przekształciło się w nerwowy rozkład jej płci" (s. 151). Opierając się na logice dziedziczności, Nana popychana jest do wad i przewrotności przez "nerwowy rozkład", jaki wywołują w niej jej geny.

Za artykułem Fauchery'ego, Zola analizuje również swoje społeczne uwarunkowania:

> "Wykiełkowała na bruku jednego z paryskich przedmieść; i, wysoka, przystojna, o wspaniałym ciele, taka sama jak roślina rosnąca na wysypisku śmieci, pomściła łobuzów i włóczęgów, z których się wywodziła. Wraz z nią gnilec, który pozostawiony był do fermentacji wśród ludu, podniósł się i zanieczyścił arystokrację" (tamże).

Jej postać jest więc bezpośrednią konsekwencją nędznego, niezdrowego i rozkładającego się środowiska społecznego. Bieda, podobnie jak dziedziczność, przedstawiona jest dla Nany jako bezlitosna nieuchronność.

W związku z tym kurtyzana jest skazana, bez świadomej chęci, na zepsucie Paryża i wprowadzenie go w błąd poprzez swoją seksualność. Hrabia Muffat jest tego w pełni świadomy:

> *"W ciągu trzech miesięcy zepsuła jego życie, czuł się już skażony do szpiku kości ohydą, o której sam nigdy by nie marzył. W tej godzinie wszystko zaczęło się w nim burzyć. Przez chwilę był świadomy skutków grzechu, widział dezorganizację spowodowaną tym fermentem, siebie zatrutego, swoją rodzinę zniszczoną, zakątek społeczeństwa pękający i walący się w gruzy" (s. 152).*

Nana nie tylko znosi swoje dziedziczne i społeczne determinizmy, ale także sprawia, że inni cierpią z ich powodu. Jest skazana na zepsucie wszystkiego wokół: zarówno mężczyzn, jak i samego społeczeństwa klasy średniej.

PRZEDSTAWIANIE RÓŻNYCH ŚWIATÓW

Przed napisaniem swoich powieści Zola zebrał ogromną ilość informacji i przeprowadził okres intensywnej obserwacji, aby w każdej powieści cyklu *Les Rougon-Macquart* przedstawić inny świat. W Nanie przedstawione są dwa światy:

- **Teatr.** Spędziwszy kilka dni w teatrze, Zola przedstawia go w sposób kompletny i szczegółowy: opisuje scenę, skrzydła, łoże wyższych sfer, miejsce przechowywania scenografii, pudła sceniczne, drzwi sceniczne, trzy gazalerie, próby, przygotowania aktorów, a nawet zapachy.

- **Prostytucja.** Był to w pełni rozwinięty przemysł w czasach Drugiego Cesarstwa, a *Nana przedstawia* jego pełny przekrój (od kobiety na ulicy do bogatej kurtyzany). W tej powieści jest ona przedstawiona jako odbicie skorumpowanego społeczeństwa i reżimu. Prostytucja kwitnie tylko dlatego, że klasy wyższe są gotowe dać się skorumpować. Zola odwiedził również dom madam, zwracając uwagę na najmniejsze gesty tam wykonywane, na przykład podczas wykonywania makijażu przez dziewczyny.

KRYTYKA SPOŁECZNA

Dewiacja

Zola umieszcza swoją opowieść w paryskich domach klasy wyższej Drugiego Cesarstwa, wśród przepychu i bogactwa, aby zbadać tabu świata, który wydaje się czysty, ale w rzeczywistości jest pełen wad i sprzeczności. W swoich notatkach do powieści opisuje *Nanę w* grubych słowach jako studium męskiego pożądania: według niego mężczyźni kierują się wyłącznie żądzą i roją się za kobietami, które cynicznie nimi manipulują.

W *Nanie* studiuje więc dziewczynę o luźnej moralności w czasach, gdy prostytucja, choć obecna, była tabu. Decyzja Zoli, by uczynić ją tematem swojej powieści, nie wynikała z chęci prowokacji, lecz przeciwnie – z chęci drobiazgowego zbadania tego zjawiska: czyni on z Nany swego rodzaju królika doświadczalnego, by ustalić przyczyny i konsekwencje tego dewiacyjnego zachowania. Dzieło Zoli jest więc swoistym laboratorium, w którym analizowane są postaci i ich rozwój.

Nana jest tym bardziej prowokująca, że jest biseksualna. Była to szokująca forma "dewiacji" w XIX wieku, a Zola przywołuje ją znacznie subtelniej niż prostytucję, poprzez aluzje i wskazówki. W powieści jest tylko około dziesięciu fragmentów, które się do niej odnoszą, a słowa "homoseksualizm" i "homoseksualista" nigdy nie zostają użyte. Temat ten jest jednak wyraźnie widoczny od początku powieści, kiedy Fauchery i Vandeuvres dyskutują o kolacjach u Laure Piédefer:

> *"Potem obaj chichotali, a ich oczy błyszczały, gdy podawali sobie różne szczegóły dotyczące jadłodajni przy Rue des Martyrs, gdzie gruba Laure Piédefer, za trzy franki na głowę, dostarczała kolację dla pań, które miały pecha. To była brudna dziura! Wszystkie małe kobietki całowały Laure w usta"* (s. 53).

Co więcej, świat lesbijski jest prawie zawsze przywoływany poprzez pocałunek, jedyny szczegół, który może sugerować relacje fizyczne.

Nana dość wcześnie zwraca się w stronę homoseksualizmu. Pierwszym sygnałem ostrzegawczym jest kobiecość jej kochanka George'a Hugona, który przedstawiony jest jako postać androgyniczna o "jasnych oczach i jasnych lokach, wyglądająca jak dziewczyna przebrana za chłopca" (s. 50). Nana jest przekonana o jego kruchości. Posuwa się nawet do tego, że przebiera go za dziewczynkę:

> *"'Och, kochanie! Jak on ładnie wygląda jako kobieta!' Miał tylko długą koszulę nocną, haftowaną parę szuflad i kambuzowy szlafrok obszyty koronką. W tym ubraniu wyglądał jak dziewczyna, z odkrytymi ramionami i jasnymi włosami, jeszcze mokrymi, zwisającymi z szyi"* (s. 122).

Jej afirmacja lesbijskiej miłości do Satina sygnalizuje później początek jej upadku.

W istocie, pomimo dążenia Zoli do zachowania pewnej neutralności, która jest nieodłącznym elementem naturalizmu (przedstawia on osobliwości społeczeństwa, ale przez większość czasu nie wydaje żadnych sądów wartościujących jako narrator), określa on związek Satin i Nany jako perwersyjny. Kiedy Nana święci największe triumfy (jest odnoszącą sukcesy aktorką i kochanką wysoko postawionych mężczyzn), jej życie rozpada się, gdy zaczyna spędzać czas z Satinem. Na przykład jest zmuszona uciekać przed policją, gdy jest w łóżku ze swoim kochankiem. Wenus z początku powieści znajduje się wtedy "drżąca i prawie martwa z przerażenia. Jej bose stopy krwawiły od zadrapań spowodowanych przez drut" (s. 195). Zostaje nawet opisana jako "mała dziwka" (s. 205).

Upadek Imperium

Upadek Nany może być postrzegany jako symbol upadku Drugiego Imperium. Chociaż pochodzi z klasy robotniczej, jej wejście do społeczeństwa postawiło ją po stronie Imperium. Widzi siebie po stronie Imperium, a nie ludzi i w pełni akceptuje zmianę swojego statusu:

> *"Potem rozmowa skierowała się na problemy, które poruszyły Paryż – na podżegające artykuły w gazetach, próby zamieszek w następstwie wezwań do broni wygłaszanych co wieczór na publicznych spotkaniach – wyładowała swój gniew na republikanach. Czego oni chcieli, ci brudni ludzie, którzy nigdy się nie myli? Czy nie wszyscy byli szczęśliwi? Czy cesarz nie zrobił wszystkiego dla ludzi? Te świnie, ci ludzie! Znała ich – mogła o nich mówić" (s. 236).*

Wraz z upadkiem bohaterki, czytelnik jest świadkiem upadku reżimu politycznego: Zola wielokrotnie nawiązuje do przewrotu w ówczesnym Paryżu. Akcja powieści rozgrywa się tuż przed wojną francusko-pruską w 1870 roku, która oznaczała koniec II Cesarstwa.

Śmierć Nany zwiastuje choroba Satin, na którą młoda kobieta "teraz stopniowo umiera w szpitalu Lariboisière" (s. 320). Nana znika na kilka miesięcy, po czym wraca z ospą. Jej rozkład fizyczny idzie więc w parze z rozkładem moralnym: kończy życie jako "masa materii i krwi, garść zepsutego mięsa, rzucona na poduszkę" (s. 334). Umiera, podczas gdy ludzie na ulicy wołają "Do Berlina! Do Berlina! Do Berlina!" (s. 331), zapowiadając wojnę francusko-pruską. Śmierć Nany zbiega się więc z upadkiem reżimu. W swojej dekadencji Nana uosabia Drugie Cesarstwo: reprezentuje upadek skażonego reżimu, który sam doprowadził do swojego upadku (Drugie Cesarstwo było naznaczone zamachem stanu Napoleona III, niekontrolowaną spekulacją, walką klas i moralną deprawacją).

Kurtyzana nie idzie jednak na dno sama. W istocie Nana zanieczyszcza i tak już skorumpowane społeczeństwo, które ją zrodziło. Nie podejmując świadomej decyzji, mści się na rodzicach, siejąc chaos i ruinę. Wprowadza nieporządek do wyższych sfer i zniekształca społeczne wyznaczniki: kurtyzany chodzą na te same wyścigi konne co Napoleon III, a prostytutki uczestniczą w przyjęciu zaręczynowym hrabiny. W tej powieści całe społeczeństwo Drugiego Cesarstwa jest skorumpowane. Nana zaraża wyższe klasy średnie, a jej moralna deprawacja jest zaraźliwa. Autor krytykuje autorytarne i nierówne rządy, które z jednej strony obiecują ogromne fortuny nielicznym, a z drugiej – skrajną nędzę większości. Jak pokazują paralele między nimi, wysoka klasa społeczna nie potrafi zachować swoich wartości, tak jak II Cesarstwo zawodzi w swoich rządach.

Ten społeczny nieład ma więc straszny skutek: wojna francusko-pruska i niezliczone ofiary, które z niej wynikają.

METODY PISANIA

Przy typowej dla naturalizmu trosce o obiektywizm, pisarstwo Zoli charakteryzuje się wieloma cechami:

- **Swobodny dyskurs pośredni, który punktuje narrację.** Głos narratora zlewa się z głosem postaci, jak to ma miejsce w tej interwencji Zoé:

> *"Skoro madame zgodziła się porozmawiać z nią o swoich sprawach, pozwoliła sobie przedstawić swoje zdanie. Przede wszystkim jednak nie mogła się powstrzymać od powiedzenia, że bardzo kocha madame; to właśnie z tego powodu opuściła madame Blanche i Bóg wiedział, że madame Blanche robiła wszystko, aby skłonić ją do powrotu do niej!"* (p. 26)

> W tym fragmencie to Zoé mówi. Zola mógłby równie dobrze napisać "Zoe powiedziała, że bardzo kocha madame…" w mowie zależnej. Poprzez wyeliminowanie czasownika wprowadzającego, głos narratora łączy się z głosem Zoé.

- **Wiele punktów widzenia.** Rzeczywistość jest przedstawiona oczami wielu postaci, dzięki czemu czytelnik ma pełniejszy obraz opisywanego społeczeństwa. Na przykład wokół łoża śmierci Nany, w przeddzień wojny francusko-pruskiej, kurtyzany mają różne zdania:

> *"[…] Tak, gdyby mi pozwolili, przebrałbym się za mężczyznę i poszedłbym strzelać do tych pruskich świń! […] "Nie mówcie przeciwko Prusakom! To są mężczyźni, jak inni, i nie przeszkadzają kobietom jak twoi Francuzi"* (s. 331).

Jeden rodzaj opisu, który nie jest związany z troską Zoli o obiektywizm, pojawia się jednak wielokrotnie: niezróżnicowane tłumy. W tych grupach jednostka zostaje wymazana na rzecz wzmocnionej władzy zbiorowej. Zola wykracza tu poza realizm, wybierając raczej rodzaj epickiego powiększenia. Jego opis tłumu wołającego "Na Berlin!" jest tego dobrym przykładem:

> *"Pochodnie wciąż przejeżdżały, rzucając dookoła płatki ognia; w oddali różne bandy, skulone w ciemności, wyglądały jak stada owiec pędzonych nocą na rzeź; a cała ta krzątanina, te zdezorientowane masy falujące jak ocean, wydychały z siebie grozę, wielką litość dla nadchodzących rzezi" (tamże).*

Ten epicki opis zapowiada głośny upadek Imperium, kluczowy moment w historii i w powieści.

Nana jest więc powieścią wielowymiarową, gdyż przedstawia nie tylko zdeprawowaną bohaterkę, ale także skażony świat i skorumpowany reżim.

Trzy lata wcześniej *L'Assommoir* stanowił punkt zwrotny w życiu Zoli: jego publikacja wzbudziła kontrowersje ze względu na temat, który uznano za wulgarny i szokujący. Nie przeszkodziło to jednak książce w osiągnięciu wielkiego sukcesu. W przypadku *Nany*, Zola ponownie naraził się na skandal. Krytykowano przede wszystkim grubiański język i bohaterów. Jednak współcześni Zoli, Flaubert, Huysmans i Maupassant, wyrazili swój entuzjazm dla tej książki. W związku z tym, mimo że powieść okazała się sporna, *Nana* była i nadal jest niezwykle udanym dziełem literackim.

DALSZA REFLEKSJA

KILKA PYTAŃ DO PRZEMYŚLENIA...

- W swoim artykule Fauchery nadaje Nanie przydomek "Złota Mucha". Wyjaśnij ten przydomek.

- Po tym jak Vandeuvres nazywa swojego konia "Nana", młoda kobieta zostaje porównana do zwierzęcia. Wyjaśnij znaczenie i cel tego porównania.

- Jakie klasy społeczne są przedstawione w tej powieści? Czy niektóre z nich są bardziej moralne od innych? Uzasadnij swoją odpowiedź.

- Jakich wartości broni Nana i inni bohaterowie?

- Celem Zoli jest lepsze poznanie ludzkości. Czego dowiedziałeś się o ludzkości czytając powieść?

- Wykorzystaj *Nanę* do wyjaśnienia metody naturalistycznej Zoli.

- Jak myślisz, dlaczego ta powieść została określona jako obsceniczna?

- Czy Zola używa tej powieści do krytyki?

- Jakie metody stosuje autor, aby być jak najbardziej obiektywnym?

- Twoim zdaniem, dlaczego Zola wielokrotnie opisuje tłumy?

- W jednej z adaptacji filmowych *Nany*, Muffat zabija bohaterkę. Co sądzicie o takim zakończeniu?

DALSZE CZYTANIE

WYDANIE REFERENCYJNE

Zola, É. (2007) *Nana*. Trans. Rascoe, B. New York: Dover Publications, Inc.

BADANIA REFERENCYJNE

Horne, E. (2016) *Zola and the Victorians: Censorship in the Age of Hypocrisy*. London: MacLehose Press.

Nelson, B. (2007) *The Cambridge Companion to Zola*. Cambridge: Cambridge University Press.

Schom, A. (1987) *Emile Zola: A Biography*. London: Queen Anne Press.

ADAPTACJE

Nana (1926) [Film]. Jean Renoir. Dir. France: Les Films Jean Renoir.

Nana (1934) [Film]. Dorothy Arzner i George Fitzmaurice. Dirs. USA: Samuel Goldwyn Productions.

Nana (1944) [Film]. Roberto Galvadón i Celestino Gorostiza. Dirs. Mexico: Producciónes Grovas.

Nana (1955) [Film]. Christian-Jaque. Dir. Francja/Włochy: Cigno Film, Les Productions Jacques Roitfeld.

Nana (1983) [Film]. Dan Wolman. Dir. wł: Cannon Group.

Nana (2001) [Film]. Édouard Molinaro. Dir. Francja: France 2, GTV.

Chcemy usłyszeć od Ciebie, co się dzieje!
Zostaw komentarz na temat swojej internetowej biblioteki
i podziel się swoimi ulubionymi książkami w mediach społecznościowych!

Wydawca zapewnia o wiarygodności publikowanych informacji, co jednak nie może wiązać się z jego odpowiedzialnością.

www.50minutes.com

Master ISBN: 9782808694810
Papierowy ISBN: 9782808616218
Depozyt prawny: D/2023/12603/1901

Verhaal: © Primento

Projekt cyfrowy: Primento, cyfrowy partner wydawców.